Ur: Die Geschichte und das Erbe der alten sumerischen Hauptstadt

Von Charles River Editors

M. Lubinskis Bild der Ruinen von Ur

Einführung

Ein Bild von Soldaten, die zwischen den Ruinen von Ur

Lange bevor Alexandria eine Stadt war und noch bevor Memphis und Babylon Größe erlangt hatten, stand die uralte mesopotamische Stadt Ur an der Spitze der altorientalischen Städte. Heute sind die Größe und der kulturelle Einfluss von Ur von den meisten Menschen weitgehend in Vergessenheit geraten, was zum Teil darauf zurückzuführen ist, dass ihre Denkmäler sich nicht so gut bewährt haben wie die Denkmäler anderer antiker

Kulturen. So waren beispielsweise die Denkmäler
Ägyptens aus Stein, während die von Ur und den meisten
anderen mesopotamischen Städten aus Lehmziegeln
errichtet wurden, und wie in diesem Bericht erörtert wird,
ist Lehmziegel vielleicht ein leichter zu bearbeitendes
Material als Stein, aber es zerfällt auch viel schneller.
Dasselbe gilt bis zu einem gewissen Grad auch für die
schriftlichen Dokumente, die in Ur hergestellt wurden.

   Trotz der Vergänglichkeit seiner Denkmäler und in
gewissem Maße auch seiner schriftlichen Texte erwies
sich Ur als Inspiration für die Sumerer, die die Stadt
bauten, und auch für spätere Kulturen und Dynastien, die
Mesopotamien bewohnten. Eine Untersuchung von
Primärquellen, die sich auf Ur beziehen, sowie
archäologische Ausgrabungen, die in der antiken Stadt
durchgeführt wurden, zeigen, dass die Stadt über
Tausende von Jahren ein kulturelles Leuchtfeuer war. Ur
begann als eine sumerische Stadt von untergeordneter
Bedeutung, entwickelte sich aber schnell zur wichtigsten
sumerischen Stadt.

   Auf seinem Höhepunkt war Ur das Zentrum einer großen
Dynastie, die den größten Teil Mesopotamiens durch eine
gut unterhaltene Armee und Bürokratie direkt
kontrollierte, und die Gebiete, die nicht unter seiner
direkten Kontrolle standen, wurden von den Diplomaten
und religiösen Ideen von Ur beeinflusst. Ur war auch

deshalb eine wahrhaft widerstandsfähige Stadt, weil sie den Untergang der Sumerer, die völlige Zerstörung durch die Elamiten und später die Besetzung durch zahlreiche andere Völker, zu denen in jüngster Zeit auch Saddam Hussein gehörte, überlebte. Ur hat die Fantasie der alten Völker beflügelt, aber auch den Geist der Modernen, die seit über 150 Jahren daran arbeiten, die Geheimnisse der Stadt zu entschlüsseln, verzückt. Wahrlich, wenn es um wichtige antike Städte geht, sollte Ur zu den größten gezählt werden.

Ur: Die Geschichte und das Erbe der alten sumerischen Hauptstadt

Über Charles River Editors

Einführung

Kostenlose Bücher von Charles River Editors

Discounted Books von Charles River Editors

Kapitel 1: Eine Inspiration für Mesopotamien

Ein Bogen in Ur

   Das Alte Testament ist voll von vielen Geschichten über biblische Völker, die moderne Archäologen und Bibelwissenschaftler als sachlich bestätigt haben und die für das Verständnis anderer Völker und Orte im alten Nahen Osten wie Ur von Nutzen sein können. Im Buch Genesis wird beschrieben, dass der Patriarch Abraham und seine Familie in Ur gelebt haben. Das Buch liest: "Dies sind nun die Generationen von Terah: Terah zeugte Abram, Nahor und Haran; und Haran zeugte Lot. Und

Haran starb vor seinem Vater Terah im Land seiner Geburt, in Ur der Chaldäer. Und Abram und Nahor nahmen sich Frauen: Der Name der Frau Abrams war Sarai, und der Name der Frau Nahors war Milka, die Tochter Harans, des Vaters von Milka und des Vaters von Iska. Aber Sarai war unfruchtbar; sie hatte kein Kind. Und Terah nahm Abram, seinen Sohn, und Lot, den Sohn Harans, des Sohnes seines Sohnes, und Sarai, seine Schwiegertochter, die Frau seines Sohnes Abram; und sie zogen mit ihnen aus Ur der Chaldäer aus, um in das Land Kanaan zu ziehen; und sie kamen nach Harran und wohnten dort. (Genesis 11:27-31)

Diese Passage bezieht sich auf einige interessante und wichtige Aspekte von Ur, sowohl was seine Bedeutung unter den nicht-serbischen Völkern als auch seine Lage im alten Nahen Osten betrifft. Es ist interessant, dass, obwohl Abraham und seine Familie keine Sumerer waren, Ur in der biblischen Darstellung als ihre erste Heimat aufgeführt wird. Viele Städte im alten Nahen Osten hatten Viertel, die für Ausländer bestimmt waren: Memphis, Ägypten, hatte in seiner späteren Geschichte ein griechisches Viertel, und Alexandria, Ägypten, war in ethnische Nachbarschaften geteilt, so dass die Idee ethnisch unterschiedlicher Städte im alten Nahen Osten kein fremdes Konzept war. Im Fall von Ur war es wahrscheinlich ein Zentrum für nicht-serbische

Hirtenvölker, die in der Nähe der Stadttore Lager hatten (Kitchen 2003, 316). Kitchen erklärt auch, dass, obwohl es andere Städte mit dem Namen Ur gab, dass „Ur der Chaldäer" in der Bibel eindeutig auf die sumerische Stadt hinwies (Kitchen 2003, 316). Die Chaldäer waren ein Volk, das im südlichen Mesopotamien lebte, das später im siebten und sechsten Jahrhundert v. Chr. den größten Teil Babylons, einschließlich des Königreichs Israel, erobern sollte, so dass der Bezug zwar kulturell und chronologisch falsch, aber geographisch nahe war.

Was die modernen geographischen Bezüge betrifft, so lag Ur etwa auf halbem Weg zwischen der modernen Stadt Bagdad und dem Oberhaupt des Persischen Golfs im heutigen modernen Nationalstaat Irak (Woolley 1982, 12). Ur war eine Schlüsselstadt in der weiteren geographischen Region, die als "Fruchtbarer Halbmond" bekannt war und die Levante und Mesopotamien umfasste. Die Region Mesopotamien, die von den Griechen so genannt wurde, weil sie „das Land zwischen den beiden Flüssen" bedeutete, ist eine große Region, die heute aus den modernen Nationalstaaten Irak und einem Teil Syriens besteht und zwischen Tigris und Euphrat liegt. Mesopotamien wurde in der Antike weiter in weitere Regionen unterteilt: Assyrien lag im hohen Norden, Babylonien und Akkad lagen in der Mitte, und Sumer, wo sich Ur befand, lag im äußersten Süden. Ur lag einige

Meilen südlich des Euphrats (Van de Mieroop 2007, 46),
war aber durch Kanäle, die bereits 6.000 v. Chr. gebaut
wurden, mit dem Fluss und dem Rest der Region
verbunden (Van de Mieroop 2007, 13). Die besonders
fruchtbare Region produzierte genug Nahrungsmittel, um
eine große Bevölkerung zu ernähren, aber es fehlten viele
andere Ressourcen, die für den Bau großer Monumente
benötigt wurden.

Der reiche Schwemmlandboden Mesopotamiens trug
dazu bei, reichlich Getreide für seine Bewohner zu
produzieren, bot aber sonst wenig in Form von Holz, Stein
oder anderen wertvollen Gütern wie Gold, Silber und
Lapislazuli (Kuhrt 2010, 1:21). Das Fehlen dieser
Materialien mag im Hinblick auf den Aufbau einer
grundlegenden Gesellschaft nicht als Problem erscheinen,
aber für eine Gesellschaft, die die nächste
Entwicklungsstufe erreichen und eine echte Zivilisation
werden soll, werden Denkmäler von den meisten
modernen Anthropologen und Historikern als
lebenswichtig angesehen. Zu Beginn des dritten
Jahrtausends v. Chr. entwickelten die Sumerer komplexe
Handelsnetze, die den größten Teil des alten Nahen
Ostens miteinander verbanden und seltene Waren in ihre
Städte wie Uruk und Ur brachten (Van de Mieroop 2007,
35). Trotz des Zustroms seltener Güter nach Ur zogen es
die Sumerer vor, die meisten ihrer wichtigsten Denkmäler

aus dem leicht verfügbaren Lehmziegel, statt aus Stein zu errichten (Frankfurt 1996, 18). Lehmziegel ist ein relativ leicht zu bearbeitendes Material, aus dem sich große Monumente herstellen lassen, aber wie das beeindruckendste Monument von Ur, die Zikkurat von Ur, bezeugen wird, hält es nicht so gut wie Steinmonumente den Anforderungen der Zeit stand. Da die meisten der großen Denkmäler von Ur die Jahrhunderte nicht sehr gut überstanden haben, war ihre moderne Entdeckung an sich schon ein unglaubliches Ereignis.

Kapitel 2: Die moderne Entdeckung von Ur

A
B
C
D
D

Bilder von Ausgrabungsarbeiten in Ur

Die Entdeckung von Ur in der Neuzeit folgte in etwa dem gleichen Muster wie die Wiederentdeckung anderer alter Kulturen und Städte. Jahrhundert war eine Periode, in der die Westeuropäer begannen, die Legitimität der monarchischen Regierung, der organisierten Religion und des Lebens selbst in Frage zu stellen. Philosophen wie der Brite John Locke und der Franzose Jean-Jacques Rousseau schrieben Bücher, die das Wesen der Regierung in Frage stellten und die Revolutionen in Amerika und Frankreich beeinflussten. Die Aufklärung brachte auch Ideen wie die Volksbildung auf und stellte Standardvorstellungen der Geschichte in Frage. Vor der Aufklärung betrachteten die meisten Europäer die Kulturen des Alten Testaments als das einzige Volk, das vor der hellenischen Zivilisation studiert werden konnte, aber die Aufmerksamkeit, die diesen Völkern zuteilwurde, war bestenfalls oberflächlich. Aufklärungswissenschaftler begannen, die Vergangenheit kritischer zu betrachten, und glaubten, dass es in der Alten Welt mehr gab als die Griechen, Römer und die biblischen Völker. Ein neuerer Gelehrter der Aufklärung fasste die neue Haltung zusammen: „Jahrhundert konzentrierten sich auf drei Hauptbereiche: die Debatte, die durch die Idee einer „universellen" menschlichen Natur ausgelöst wurde; die damit verbundene Debatte über den Sinn der menschlichen Geschichte; und die Debatte, die über den Wert und die Natur der Zivilisation ausgelöst wurde. (Outram 1995, 65).

Obwohl im achtzehnten Jahrhundert nur wenige bedeutende Entdeckungen über den Alten Orient gemacht wurden, wurden die Grundlagen für monumentale archäologische und historiographische Fortschritte im neunzehnten Jahrhundert gelegt.

Jahrhundert erlebte die Entzifferung der altägyptischen Hieroglyphenschrift durch die Übersetzung des Steins von Rosetta und einer Fülle anderer Funde im gesamten Nahen Osten. Die Königreiche der Assyrer und Hethiter wurden wiederentdeckt, und die verlorene Stadt Ur wurde unter einem Hügel aus Schmutz und Schutt begraben aufgefunden. 1853 durchquerte der britische Archäologe J.E. Taylor den Irak auf der Suche nach alten mesopotamischen Ruinen und Artefakten für das Britische Museum, als er auf einen großen Erdhügel in der Nähe des Euphrats stieß. Nach einigen Nachforschungen grub Taylor den Hügel aus und erfuhr bald, dass er die verlorene Stadt Ur, das in der Genesis erwähnte „Ur der Chaldäer", entdeckt hatte (Woolley 1982, 12). Taylors Entdeckung ebnete anderen britischen Archäologen den Weg für frühe wichtige Funde in Ur; so grub W.K. Loftus beispielsweise eine mit Mosaiken bedeckte Wand aus, und im 19. Jahrhundert wurden dort zahlreiche weitere kleinere Artefakte entdeckt (Woolley 1982, 37). Die wichtigsten archäologischen Arbeiten in Ur wurden von dem Engländer Leonard Woolley durchgeführt, der 1922 mit Ausgrabungen in der Stadt begann und 1929 seine Arbeit an der Nekropole, auf die weiter unten ausführlich eingegangen wird, abschloss (Woolley 1982, 24). Woolley führte moderne archäologische Techniken ein, die noch heute in seiner Arbeit in Ur verwendet werden, und vertrat die Hypothese, dass die biblische Flut und die im *Epos von Gilgamesch* beschriebene ein und dieselbe sei (Woolley 1982, 32). Es sollte festgehalten werden, dass Woolleys Flut-Theorie besagt, dass es sich um ein lokalisiertes Phänomen handelt und dass die Art und Weise, wie es sowohl in *Gilgamesch* als auch im Alten Testament dargestellt wird, „eine unwirkliche Erweiterung einer sehr realen Naturgefahr in Sumer ist" (Woolley 1982, 34). Woolleys lokalisierte

Überschwemmungstheorie ist zumindest teilweise durch moderne Studien bestätigt worden, die beweisen, dass die Küstenlinie des Persischen Golfs einst wesentlich weiter landeinwärts lag, etwa an der Stelle von Ur (Pollock 1999, 30).

Alma Guiness' Bild eines Wandgemäldes, das in Ur

Eine Kriegsnorm, gefunden bei Ur

Kapitel 3: Ur und die frühdynastische Periode (ca. 2900-2500 v. Chr.)

Wie bereits erwähnt, war die frühe Geschichte von Ur

unaufhaltsam mit der Geschichte der Sumerer verflochten, aber als die Sumerer ihre Macht im südlichen Mesopotamien konsolidierten, widmeten sie den größten Teil ihrer Energie dem Bau der Stadt Uruk nördlich von Ur. Uruk wurde zu diesem frühen Zeitpunkt zur kulturellen Hauptstadt der Sumerer, als in der Stadt die erste Schrift und die frühesten Formen sumerischer Kunst entwickelt wurden (Kuhrt 2010, 1:23). Ausgrabungen in Ur zeigen, dass die Stadt zwar in der frühdynastischen Zeit existierte, dass aber vor 2500 v. Chr. nur wenig von Bedeutung in Bezug auf Denkmäler produziert wurde, was nicht heißt, dass die Stadt keine Bedeutung hatte. Rund 280 Tafeln wurden in Ur ausgegraben, die auf etwa 2800 v. Chr. datiert wurden (Van de Mieroop 2007, 42), und Studien dieser Texte haben ergeben, dass die Stadt schon früh ein religiöses Zentrum war. Nach dem alten mesopotamischen religiösen Glauben war jede Stadt der Wohnsitz eines bestimmten Gottes (Van de Mieroop 2007, 45). Ur war die Heimat der göttlichen Dyade, Nanna und Ningal, die später in anderen Städten wichtige mesopotamische Gottheiten werden sollten. In der Tat scheint es, dass der langsame, aber stetige Aufstieg von Ur zur Bedeutung von Nanna und Ningal direkt mit der Bedeutung von Nanna und Ningal in Verbindung gebracht werden kann. Obwohl es in Ur einen Mangel an archäologischen Zeugnissen gibt, die definitiv in die frühdynastische Periode datiert werden können, wurden die Überreste einer Reihe von religiösen Gebäuden entdeckt (Woolley 1982, 46). Die Existenz dieser Gebäude deutet darauf hin, dass die Bedeutung von Ur als Kultzentrum für Nanna und Ningal schon recht früh begann, wie weiter unten ausführlicher erörtert wird, und die Stadt war dafür über 2000 Jahre lang und unter der Herrschaft mehrerer verschiedener Dynastien ein wichtiges Zentrum.

Ein weiteres Beispiel für die religiöse Bedeutung von Ur während der frühdynastischen Periode ist die große Nekropole, die Woolley bei seinen Ausgrabungen in der Stadt zum ersten Mal entdeckte. Woolley datierte die Ursprünge der Nekropole von Ur in die frühdynastische Zeit, in der sich die Gräber einer Reihe von identifizierten Adligen befanden (Woolley 1982, 51). Die Existenz der großen Nekropole von Ur wirft wichtige Fragen zur alten mesopotamischen Religion auf, die weiter unten näher untersucht werden, und sie zeigt auch, dass die Sumerer der Stadt eine besondere religiöse und spirituelle Bedeutung beimaßen, obwohl Ur in dieser frühen Periode vielleicht nicht so politisch wichtig wie Uruk war. Als Ur seinen langsamen, aber stetigen Aufstieg unter den Sumerern während der frühdynastischen Periode fortsetzte, wurde die Region plötzlich in Aufruhr versetzt, als eine neue Dynastie aus der Region Akkad nördlich von Sumer an die Macht kam.

Die Macht von Uruk und den Sumerern wurde von einer neuen semitisch sprechenden Volksgruppe, den Akkadiern, angefochten, die von einem mächtigen König namens Sargon (2340-2284 v. Chr.) angeführt wurde. Obwohl Sargon und die Akkadier ihre Sprache als *lingua franca* Mesopotamiens und später für die Diplomatie im gesamten Nahen Osten etablierten (Kuhrt 2010, 1:46), bewahrten sie die kulturelle Kontinuität der Sumerer in der gesamten Region zum größten Teil, wozu auch die Schirmherrschaft über die wichtigen Tempel von Ur gehörte. Insbesondere setzte Sargon seine Tochter als Hohepriesterin oder *entu* des Mondgottes Nanna in Ur ein (Van de Mieroop 2007, 66), was einmal mehr die anhaltende religiöse Bedeutung der Stadt beweist. Spätere akkadische Herrscher setzten ihre Töchter ebenfalls als Hohepriesterinnen der Nanna in Ur ein, was sich als ebenso politisch wie religiös motiviert erwies (Van de Mieroop 2007, 66). Die Akkadier, die unter den Sumerern technisch gesehen Außenseiter waren, erkannten, dass sie, um als legitime Herrscher akzeptiert zu werden, die Kulte wichtiger sumerischer Städte wie Ur bevormunden mussten.

Die Akkadier waren eine beträchtliche Zeit lang erfolgreich in ihren Bemühungen, ganz Südmesopotamien unter ihre Herrschaft zu bringen, aber ihre Dynastie wurde schließlich gestürzt, zumindest teilweise durch eine barbarische Horde, die als die Gutianer bekannt war (Kuhrt 2010, 1:56-57). Die physische Präsenz der Gutianer in Südmesopotamien erwies sich als kurzlebig, obwohl Texte aus der späteren Dritten Dynastie von Ur ihre Schreckensherrschaft dem zornigen Gott Enlil zuschrieben, von dem die Sumerer glaubten, dass er von den Akkadiern ignoriert wurde (Kuhrt 2010, 1:57). Nach dem Zusammenbruch der Akkadier-Dynastie und dem Rückzug der Gutianer in ihre Heimat in den Bergen im Osten kehrte die politische Situation im südlichen Mesopotamien wieder zu dem zurück, was sie vor der Machtübernahme der Akkadier war, nämlich ein dezentralisierter Flickenteppich konkurrierender Stadtstaaten. Die Situation sollte jedoch nicht lange andauern, und nachdem eine neue Ordnung errichtet worden war, befand sich Ur auf dem Höhepunkt seiner Macht.

Eine Tafel aus der Dritten Dynastie

Die Dritte Dynastie von Ur, die von modernen Gelehrten

als Ur III. bezeichnet wird, war eine Zeit, in der Ur zum Brennpunkt der mesopotamischen Geschichte wurde und seine Führer die Verwendung des Sumerischen in administrativen und religiösen Texten wieder in den Vordergrund rückten (Kuhrt 2010, 1:58-59). Es war während der Ur-III-Dynastie, in der *das Epos von Gilgamesch* wahrscheinlich zum ersten Mal geschrieben wurde (Sandars 1972, 8), aber vor allem zeichnen die erhaltenen Texte aus dieser Zeit ein ziemlich klares Bild von der Zusammensetzung des Staates und der Arbeitskraft, die für seine Aufrechterhaltung erforderlich war. Beispielsweise wird in einer Reihe von Ur III-Texten der immense Bedarf an Arbeitskräften für Bauprojekte wie für Zikkurats und Bewässerungskanäle beschrieben. Die Bewässerungskanäle waren besonders kompliziert, und die von ihnen gespeisten landwirtschaftlichen Parzellen wurden genau abgegrenzt und angeeignet; die Führer von Ur leiteten eine Drei-Felder-Fruchtfolge-Strategie ein, bei der die Felder in einem zyklischen Muster gesät, geerntet und brachgelegt wurden (Kuhrt 2010, 1:60).

Es war auch während der Ur III.-Dynastie, als Ur zu einem wichtigen Handelszentrum wurde und schließlich Uruk in den Schatten stellte. Texte weisen darauf hin, dass Ur in dieser Zeit eines der wichtigsten Textilzentren Mesopotamiens war; Frauen und Kinder arbeiteten in

Läden, die Kleidung und Decken aus Wolle und Leinen herstellten, die dann in den gesamten Nahen Osten exportiert wurden (Kuhrt 2010, 1:60). Auch die Metallproduktion wurde während der Ur-III.-Dynastie zu einem wichtigen Wirtschaftszweig in Ur, den die Herrscher der Stadt ebenso wie die Textilien exportierten und auch zur Herstellung von Waffen verwendeten. Keilschrifttafeln aus der Ur-III-Periode zeigen, dass sich alle wirtschaftlichen Aktivitäten in Ur stark zentralisiert haben, dass aber Handelskarawanen von unabhängigen Händlern betrieben wurden (Kuhrt 2010, 1:61). Der zentralisierte Charakter der Wirtschaft von Ur zeigt sich am besten an dem standardisierten System von Gewichten und Maßen, das während Ur III. verwendet wurde. Moderne Gelehrte argumentieren, dass der zentralisierte Charakter der Wirtschaft von Ur III als geradliniges Tauschsystem nicht gut funktionieren würde. Der Tauschhandel wurde wahrscheinlich für kleine, persönliche Transaktionen verwendet, aber für größere Transaktionen, die staatlich sanktioniert waren, muss eine Art von Standard verwendet worden sein. Die in Ur entdeckten Metallspulen aus Gold, Silber, Bronze und Kupfer werden von vielen modernen Gelehrten als eine Art standardisiertes Gewicht und Proto-Währung angesehen (Kuhrt 2010, 1:61). Wenn dem so ist, dann ist die Proto-Währung von Ur um mehr als 1.500 Jahre älter als die von den Persern verwendeten Münzen. Die Tafeln, die die landwirtschaftliche und wirtschaftliche Tätigkeit von Ur in Beziehung setzen, sind wirklich erhellend, aber dieselben Texte geben auch viele Informationen über die Zusammensetzung des Staates Ur III.

Die erhaltenen Verwaltungsdokumente aus der Ur-III.-Dynastie waren unglaublich gut organisiert und komplex und dem heutigen Zustand des Alten Königreichs Ägypten sehr ähnlich. Wie Ägypten war auch der Staat Ur III in eine Reihe von Provinzen unterteilt, die von Gouverneuren überwacht wurden, die unter dem sumerischen Wort *ensi* bekannt waren. Jeder *ensi* wurde wahrscheinlich aus der lokalen Elite oder dem lokalen Adel ausgewählt (Kuhrt 2010, 1:61), was bedeutete, dass die Könige in Ur ihre Zeit und ihre Ressourcen für Angelegenheiten wie Diplomatie und Handel aufwenden konnten, anstatt Zeit damit zu verbringen, abgelegene Provinzen zu besuchen. Das System funktionierte im Großen und Ganzen gut, wahrscheinlich zumindest teilweise aufgrund der Tatsache, dass die Verwaltung der *ensi* von einer militärischen parallelisiert wurde. Jede Provinz hatte mindestens einen General, und einige, wie z.B. die Provinz Umma, hatten mehrere Generäle und nur einen *ensi* (Van de Mieroop 2007, 77). Die Generäle stammten nie aus den Regionen, in denen sie dienten, und obwohl die Generäle oft nicht-sumerischen ethnischen Gruppen angehörten, blieben sie immer Ur treu (van de

Mieroop 2007, 77). Wenn ein *ensi den* Nerv hatte, gegen Ur zu rebellieren, musste er sich zunächst mit dem oder den Generälen auseinandersetzen, die in seiner Provinz dienten. Die Verwaltungstexte zeigen, dass die *Ensi* und Generäle zwar für den Staat Ur III. lebenswichtig waren, das wichtigste Amt unter dem König jedoch das der *Suchkalmah* war.

Die *Suchkalma* kann am besten als ein königlicher Kanzler oder Vizekönig beschrieben werden, der die Interessen des Staates Ur III. außerhalb der Grenzen von Ur vertrat (Van de Mieroop 2007, 79). Er befahl den Generälen, Tribute aus den Provinzen einzusammeln, und legte die Zahl fest, die jeder Ort zu zahlen hatte (Van de Mieroop 2007, 79). Die *Suchkalmah* war auch für die Überwachung und Verwaltung der Sumpfgebiete des Staates Ur III. verantwortlich, in denen es keine echten Provinzen gab und in denen es weiterhin an Recht und Ordnung mangelte (Kuhrt 2010, 1:61). Die Quellen zeigen auch, dass, obwohl Ur die Hauptstadt der Dynastie war, andere sumerische Städte wie Uruk, Nippur und Eridu weiterhin eine wichtige Rolle spielten, insbesondere in religiösen und zeremoniellen Zusammenhängen (Kuhrt 2010, 1:64).

Die Kunst der Diplomatie wurde auch von den Führern des Ur-III.-Staates auf anspruchsvollem Niveau angewandt. Obwohl die Könige von Ur III. keine

Aufzeichnungen über Verträge oder offizielle Korrespondenztexte mit anderen Staaten führten oder zumindest keine überlebt haben oder entdeckt wurden, betreffen eine Reihe der oben beschriebenen Verwaltungstexte auch die Diplomatie, was dazu beitragen kann, ein Bild davon zu zeichnen, wie die Könige von Ur die Diplomatie in ihren Angelegenheiten einsetzten. Aus den Texten geht hervor, dass die Könige von Ur III. ihre diplomatischen Veranstaltungen so geplant hatten, dass sie mit religiösen Festen zusammenfielen, und dass der Mann, der alle diplomatischen Treffen organisierte, die *Suchkalmah* war (Scharlach 2005, 17-18). Die *Suchkalmah*, die in dieser Funktion ähnlich wie der moderne Staatssekretär handelte, half bei der Organisation der Reiserouten der ausländischen Diplomaten und Gesandten, die die Könige von Ur sehen wollten. Jedes Fest war eine Erneuerung des göttlichen Rechts des Königs, den Ur-Staat zu regieren, so dass es für ausländische Würdenträger wichtig gewesen wäre, an diesen Veranstaltungen teilzunehmen (Scharlach 2005, 22).

Kapitel 5: Andere Denkmäler und Ereignisse in Ur während der Ur-III-Dynastie

Die administrativen Fortschritte, die in Ur während der Ur III.-Dynastie gemacht wurden, waren sehr beeindruckend, aber im gleichen Zeitraum wurde in der

Stadt eine Reihe weiterer unglaublicher Monumente errichtet. Da Ur die Hauptstadt der Dynastie und das Zentrum der mesopotamischen Kultur während des späten dritten Jahrtausends v. Chr. war, haben Beweise für diese Bauwerke bis in die Neuzeit überlebt. Zu den beeindruckendsten von allen Denkmälern aus der Zeit von Ur III., die bis in die Neuzeit überlebt haben, gehört die Zikkurat von Ur.

Die Zikkurat von Ur bildete den Mittelpunkt einer
langen Tradition des Baus religiöser Monumente in
Mesopotamien. Im Wesentlichen handelte es sich bei der
Zikkurat um einen Turm, der Teil des Tempelkomplexes
einer Stadt war, und man glaubte, dass er einen Berg
darstellte, von dem man annahm, dass er die irdische
Wohnstätte der Gottheit oder Göttin war, der der
Tempelkomplex geweiht war (Frankfurt 1996, 20-21).
Wie oben erwähnt, wurden Zikkurats hauptsächlich aus
Lehmziegeln hergestellt, was dazu führte, dass sich die
meisten leider nicht bewährt haben. Zikkurats wurden
zuerst von den Sumerern gebaut, aber spätere Herrscher
Mesopotamiens, darunter die Babylonier, Elamiten,
Assyrer und Neobabylonier, errichteten sie alle.
Tatsächlich wurde die am besten erhaltene Zikkurat vom

Elamiten-König Untasch-Napirischa (ca. 1340-1300 v. Chr.) in der Nähe der alten iranischen Stadt Susa gebaut. Die Zikkurat von Untasch-Napirischa wurde aus Millionen von Lehmziegeln gebaut. Die Ziegel des inneren Kerns wurden in der Sonne getrocknet, während die äußeren Ziegel hintermauert wurden, was zweifellos eine beträchtliche Menge an Brennstoff erforderte (Van de Mieroop 2007, 186). Die Zikkurat von Ur wurde mit den gleichen Materialien und wahrscheinlich den meisten der gleichen Baumethoden gebaut wie die Zikkurat von Untasch-Napirischa, nur fast 1.000 Jahre früher, was die Tatsache, dass das meiste davon noch steht, umso beeindruckender macht.

Ein Bild eines gestampften Lehmziegels, gefunden bei Ur

Die Zikkurat von Ur wurde vom ersten König der Ur-III.-Dynastie, Ur-Nammu (ca. 2112-2095 v. Chr.), für den sumerischen Mondgott und die Hauptgottheit von Ur, Nanna, gebaut (Kuhrt 2010, 1:64). Heute ist nur noch die unterste Ebene der Zikkurat erhalten, aber basierend auf der Struktur anderer bekannter Zikkurats hätte sie drei

Ebenen gehabt und einen immensen Arbeitsaufwand
erfordert (Kuhrt 2010, 1:64), möglicherweise auf dem
Niveau, auf dem die großen Pyramiden von Gizeh gebaut
wurden. Die Zikkurat von Ur und alle anderen Zikkurats
ähnelten zwar vage einer Pyramide, funktionierten aber
auf ganz andere Weise. Die Zikkurats waren, wie bereits
erwähnt, Teil mesopotamischer Tempel, während die
ägyptischen Pyramiden als Gräber fungierten.

Bilder von der Haupttreppe der Zikkurat

Die Zikkurat von Ur ist die sichtbar beeindruckendste Errungenschaft, die in Ur geschaffen wurde, aber es gab noch eine Reihe anderer wichtiger Dinge in der Stadt, die beachtet werden müssen. Ur-Nammus Ehrgeiz beim Bauen wurde nur von seinem Wunsch übertroffen, die Dominanz von Ur auszuweiten, was schließlich zu seinem Tod auf dem Schlachtfeld führte (Kuhrt 2010, 1:63). Ur-Nammu wurde von Shulgi (ca. 2094-2047) abgelöst, der die Zikkurat von Ur vollendete und eines der ersten Gesetzbücher der Welt schrieb (Kuhrt 2010, 1:64). Die Herrscher der Ur-III-Dynastie lebten ein bedeutendes und ehrgeiziges Leben, während sie den Einfluss ihrer Stadt ausbauten, eine komplexe Bürokratie entwickelten und große Denkmäler errichteten. Archäologische Studien von

Woolley und späteren Gelehrten haben jedoch wichtige Informationen über die Religion in Ur aus der Art und Weise, wie diese Führer starben, zutage gefördert.

 Eine der faszinierendsten und wichtigsten archäologischen Entdeckungen aus Ur ist seine ausgedehnte Nekropole. Das Vorhandensein einer Nekropole oder einer Sammlung von Grabstätten in einer archäologischen Stätte des Nahen Ostens ist keine Seltenheit - zahlreiche Nekropolen wurden in Ägypten ausgegraben, und die Gräber der achämenidischen persischen Herrscher wurden entdeckt und untersucht, aber was die Nekropole von Ur so wichtigmacht, ist, dass sie modernen Gelehrten ein Fenster zu den sonst unbekannten Vorstellungen vom Leben nach dem Tod in Mesopotamien bietet. Tatsächlich gibt es für die Nekropole von Ur nirgendwo sonst in Mesopotamien ein Äquivalent (Woolley 1982, 87), einer Region und Ansammlung von Kulturen, die viele als frei von jeglichem Glauben an ein Leben nach dem Tod betrachten. Es gibt keine mesopotamischen religiösen Ritualtexte aus irgendeiner Epoche oder Kultur in der Region, die sich mit dem Leben nach dem Tod oder mit dem Übergang ins Jenseits befassen, wie es unzählige Texte aus Ägypten im gleichen Zeitraum gibt. Am nächsten kommen die mesopotamischen Texte einer Artikulation des Lebens nach dem Tod am nächsten, wenn man sie im *Epos von Gilgamesch* findet, aber dieser Text ist ein Mythos und kein Ritual oder Leitfaden, um das Leben nach dem Tod zu erreichen (Sandars 1972, 30). Abgesehen davon nimmt das *Epos* den Standpunkt ein, dass Unsterblichkeit nichts für Sterbliche ist, wenn die Götter Gilgamesch sagen, dass „ewiges Leben nicht dein Schicksal ist" (Sandars 1972, 70). All dies macht die Nekropole von Ur dann umso wichtiger und geheimnisvoller.

Die Bestattungen in Ur erstreckten sich über einen Zeitraum von mehr als 2.000 Jahren, von der frühdynastischen Periode bis möglicherweise zur Zeit Alexanders des Großen (ca. 330 v. Chr.), als Ur schließlich aufgegeben wurde (Porada 1960, 228). Woolley beseitigte etwa 2.000 Bestattungen, von denen er sechzehn als Herrscher oder Mitglieder des Adels von Ur identifizierte (Woolley 1982, 54). Die meisten Gräber waren ähnlich und bestanden aus einem rechteckigen Schacht, der zwischen vier und zwölf Fuß tief war und in dem der Verstorbene in Matten eingewickelt oder in einen Sarg gelegt wurde (Woolley 1982, 54). Die Särge bestanden aus einer Reihe von Materialien, darunter Holz, Korbgeflecht und sogar Ton (Woolley 1982, 54). Obwohl die meisten Begräbnisse im Vergleich zu denen aus Ägypten an Raffinesse verblassen, scheint die Tatsache, dass die Gräber überhaupt existieren, auf einen Glauben an ein Leben nach dem Tod hinzudeuten, aber Woolley wies darauf hin, dass in den Gräbern nie etwas entdeckt wurde, was eine solche Meinung bestätigen würde. Beispielsweise seien in den Gräbern keine religiösen Symbole oder Ornamente gefunden worden, und es seien dort keine Luxusgegenstände deponiert worden, die man auf eine Reise ins Jenseits mitnehmen würde (Woolley 1982, 55). Abgesehen davon gab es zwei Aspekte der Gräber von Ur, die überzeugend auf einen Glauben an ein Leben nach dem Tod hinzuweisen scheinen.

Der erste Aspekt der Ur-Bestattungen, der auf einen besser entwickelten Glauben an das Jenseits hinzuweisen scheint, ist die ausgeklügelte Art und Weise, in der einige der Gräber gebaut wurden. Viele der Gräber waren aus Stein oder gebrannten Lehmziegeln gebaut. Obwohl viele der Gräber aus einer einzigen Kammer bestanden, bestanden einige der vermutlich für den Adel gebauten Gräber aus mehreren Räumen (Woolley 1982, 60). Auch hier kann man das alte Ägypten als Begleiterscheinung verwenden, um die Beziehung zwischen Gräbern und dem Glauben an ein Leben nach dem Tod zu verstehen. Im Allgemeinen galt im alten Ägypten: Je größer das Grab, desto wichtiger war die Person, da sie den Raum nicht nur für ihren Körper, sondern auch für die Unterbringung aller im Jenseits benötigten Luxusgüter benötigte. Trotz einiger Ähnlichkeiten in der Größe der Gräber von Ur mit denen

Ägyptens scheinen die Ähnlichkeiten hier zu enden, da keine Gräber aus Ur Inschriften an ihren Wänden hatten, nur wenige Luxusgüter in ihnen entdeckt wurden und es keine Anzeichen dafür gibt, dass die Menschen von Ur eine Mumifizierung praktizierten. Archäologen wissen, dass das Volk von Ur keine Mumifizierung praktiziert hat, weil in den Gräbern eine Reihe menschlicher Überreste gefunden wurden, was zum zweiten Aspekt der Gräber führt, der einige Einzelheiten über den Glauben des Volkes von Ur an das Jenseits liefern kann.

Der vielleicht faszinierendste, aber auch makaberste Aspekt der Nekropole von Ur ist die Existenz von Menschenopfern. Bei seinen Ausgrabungen entdeckte Woolley in einigen Gräbern einen Überschuss an menschlichen Überresten, den er auf eine Art Ritual des Menschenopfers zurückführte, bei dem Adelige ihre Diener nach dem Tod mitnehmen würden (Woolley 1982, 60). Woolley wies darauf hin, dass die Zahl der geopferten Diener von Grab zu Grab variierte - von einem halben Dutzend bis zu achtzig - und dass ihre Existenz zusammen mit der Auffüllung des Grabschachts auf ein ausgeklügeltes religiöses Ritual hindeutete (Woolley 1982, 60). Es gibt keine Hinweise darauf, dass Kinder geopfert wurden oder dass Frauen ihren toten Ehemännern wie im altindischen Ritual der *Sati* folgten (Woolley 1982, 90). Die meisten der geopferten Opfer scheinen im Fall

der Frauen Hausangestellte gewesen zu sein, oder
bewaffnete Wachen, wenn Männer identifiziert werden
konnten (Woolley 1982, 91). Einige wenige Gegenstände
wie Leiern oder Harfen wurden in den Gräbern entdeckt,
aber wie bereits erwähnt, sind die Ur-Gräber im Vergleich
zu ihren ägyptischen Zeitgenossen ziemlich unfruchtbar.
Da es sich um die Gräber von Adeligen handelte, kann der
Mangel an materiellem Reichtum nicht als Grund für die
Kargheit der Gräber angegeben werden. Natürlich kann
Grab Raub, der im alten Ägypten recht häufig vorkam, ein
Faktor für die spartanische Unterbringung in den Ur-
Gräbern sein, aber wenn über solche Dinge nicht mehr
offenbart wird, dann ist das reine Vermutung. Eines der
am besten erhaltenen von allen Ur-Gräbern gehörte einer
Frau, die als Königin Puabi bekannt war.

   Unter all den namenlosen Gräbern in der Nekropole von
Ur sticht eines hervor, weil sein Besitzer durch einige
Gegenstände identifiziert werden konnte, die geborgen
wurden. Das Grab, von Archäologen als Grab PG 800
bezeichnet, gehörte einer als Königin Puabi identifizierten
Frau, die im dritten Jahrtausend v. Chr. lebte (Miller 2013,
127). Der Name der Königin ist aus drei in der Kammer
entdeckten Inschrift Siegeln bekannt, die ihren Namen
zusammen mit der sumerischen *Titel-Nin* tragen, die
normalerweise als weibliches Äquivalent zum *Lugal*
angesehen wird, das in Ur während der Zeit zur

Bezeichnung der Herrschaft verwendet wurde (Woolley 1982, 88-89). Weitere Namen wurden im Grab der Königin sowie in einem weiteren Königsgrab in Ur entdeckt, aber diese Personen sind noch nicht definitiv identifiziert worden (Woolley 1982, 89). Das Grab der Königin Puabi bietet modernen Gelehrten eine Fülle interessanter archäologischer Beweise, aber nur wenig, was zur Lösung des Problems der mesopotamischen Ansichten über das Leben nach dem Tod beiträgt, aber vielleicht sagt das, was in den Gräbern von Ur nicht gesagt wird, mehr aus als das, was gesagt wird.

Das Vorhandensein von Schrift in den Gräbern von Ur war, wie oben erwähnt, eigentlich recht selten; es existieren keine Inschriften an den Grabwänden, aber ihr Fehlen sollte in ihrem historischen Kontext betrachtet werden. Im Allgemeinen wurden Mythen im Laufe der Geschichte jahrhundertelang mündlich überliefert, bevor sie schriftlich festgehalten wurden (Vansina 1985, 118). Im Fall von Ur und Mesopotamien im Allgemeinen ist das größte Beispiel für einen Mythos natürlich das *Epos von Gilgamesch*, von dem man annimmt, dass es im dritten Jahrtausend v. Chr. (Sandars 1972, 7) oder kurz um die Zeit von Königin Puabi herum erstmals schriftlich festgehalten wurde. Es mag sein, dass die Schrift in Ur, zumindest was Mythos und Rituale betrifft, noch nicht weit genug fortgeschritten war, um es in die Gräber zu schaffen. In diesem Zusammenhang ist darauf hinzuweisen, dass Mythos und religiöses Ritual im Alten Orient nicht unbedingt inbegriffen waren, obwohl es beträchtliche Überschneidungen gab, wie man an den altägyptischen Ritualen bezüglich des Übergangs zum Jenseits sehen kann, die mit dem Mythos einhergingen. Im Fall des antiken Ur bietet das *Epos von Gilgamesch* modernen Gelehrten das beste Beispiel für die frühe Mythologie, aber wie oben erwähnt, fehlt es an Ritualen und scheint gegen einen mesopotamischen Glauben an das Jenseits zu sprechen. Es muss auch festgestellt werden, dass in keinem der Ur-Gräber Kopien von *Gilgamesch* entdeckt wurden, was wiederum, falls vorhanden, auf einen Glauben an ein Leben nach dem Tod hindeuten könnte. Obwohl *Gilgamesch* und andere sumerische Mythen eindeutig in den Bereich des Mythos und nicht des Rituals fallen, glauben einige Gelehrte, dass eine gründlichere Untersuchung dazu beitragen könnte, mehr Licht in die theologische Bedeutung der Ur-Nekropole zu bringen.

Vor allem eine Passage aus *Gilgamesch,* wo Gilgameschs Freund Enkidu eine Vision vom Jenseits hat, bietet einen möglichen Einblick in das, was die Besitzer der Ur-Gräber im Jenseits erwarteten. In der Passage heißt es: "Da ist das Haus, dessen Menschen in der Dunkelheit sitzen; Staub ist ihre Nahrung und Lehm ihr Fleisch. Sie sind gekleidet wie Vögel mit Flügeln zum Bedecken, sie sehen kein Licht, sie sitzen in der Finsternis. Ich betrat das Haus aus Staub, und ich sah den König der Erde, ihre Kronen für immer weggeräumt; Herrscher und Fürsten, all jene, die einst königliche Kronen trugen und in den alten Tagen die Welt regierten. Sie, die an der Stelle der Götter wie Anu und Enlil gestanden hatten, standen nun wie Diener, um im Haus des Staubes gebackenes Fleisch zu holen, gekochtes Fleisch und kaltes Wasser aus der Wasserhaut zu tragen. In dem Haus aus Staub, das ich betrat, waren Hohepriester und Akolythen, Priester der Beschwörung und der Ekstase; es gab Diener des Tempels, und es gab Etana, jenen König von Kisch, den der Adler in den alten Tagen in den Himmel trug. Ich sah auch Samuqan, den Gott des Viehs, und da war Ereshkigal, die Königin der Unterwelt; und vor ihr hockte Belit-Sheri, die als Chronistin der Götter gilt und das Buch des Todes führt. Sie hielt eine Tafel in der Hand, aus der sie las. Sie hob den Kopf, sah mich und sprach: „Wer hat diese hierhergebracht?" (Sandars 1971, 92).

Die mesopotamische Unterwelt klingt nicht nach einem sehr einladenden Ort; ihre Beschreibung als dunkler, schmutziger Ort klingt sehr nach einem Grab, was vielleicht kein Zufall ist. Die Nekropole von Ur war sicherlich eine wichtige Entdeckung, deren Geheimnisse vielleicht irgendwann in der Zukunft enthüllt werden, aber leider befinden sich die Gelehrten im Moment hinsichtlich ihrer rituellen und theologischen Bedeutung in einer Sackgasse. Ausgrabungen in Ur haben auch eine weitere wichtige religiöse Institution ans Tageslicht gebracht, über die glücklicherweise mehr bekannt ist.

Im alten Nahen Osten war die Religion eine komplexe Angelegenheit, bei der Hunderte oder sogar Tausende von Göttern und Göttinnen von einer einzigen Gruppe von Menschen anerkannt und verehrt wurden. Viele dieser Gottheiten hatten sehr kleine Anhänger, aber die wichtigeren wurden von Priestern und Priesterinnen betreut, die manchmal große Macht anhäuften. In Ur war die wichtigste aller Gottheiten das göttliche Paar Nanna und Ningal. Nanna war der sumerische Gott des Mondes, der später unter seinem semitischen Namen Sin bekannt wurde, und seine göttliche Gefährtin war Ningal. Nach der sumerischen Mythologie war ihr bemerkenswertester Nachkomme der Sonnengott Utu, besser bekannt unter dem semitischen Namen Shamash, der die mesopotamische Göttin der Liebe und des Krieges, Ishtar, heiratete (Sandars 1972, 122-24). Da Nanna und Ningal die wichtigste Stellung im spirituellen Leben von Ur einnahmen, wurde die große Tempelanlage der Stadt dem Paar und damit einer treuen Gefolgschaft von Priestern und Priesterinnen gewidmet.

Das sumerische Wort für die Priester der Ur-III.-

Dynastie war *en* und das dazugehörige weibliche Äquivalent für Priesterin war *entu*. Beweise in Form von Verwaltungsdokumenten belegen, dass die en-Priester nicht nur in Ur, sondern in ganz Südmesopotamien immense politische und wirtschaftliche Macht ausübten (Sharlach 2007, 70). Die entu-Priesterinnen übten ebenso viel, wenn nicht sogar mehr Macht aus und hatten während und nach der Ur-III.-Dynastie ziemlichen Einfluss auf das religiöse Leben von Ur. Da die Religion mit allen Aspekten des Lebens im alten Mesopotamien verflochten war, hatte jede Person mit einer wichtigen religiösen Stellung in Ur großen Einfluss. Tatsächlich wurden die *Endu-Priesterinnen* von Ur als so wichtig für die kulturelle Integrität der Stadt angesehen, dass die nachfolgenden Dynastien, die Ur eroberten, die religiöse Institution weiterhin unterstützten, wie im Folgenden gezeigt werden soll.

Die Endu-Priesterin von Ur lebte in einer besonderen Abteilung des Nanna-Ningal-Tempelkomplexes, dem sogenannten *giparu*. Obwohl die Priesterinnen im *giparu* lebten, handelte es sich nicht um ein klösterliches Leben, und es gibt Belege dafür, dass sie wie andere Bewohner von Ur am täglichen Stadtleben teilnahmen (Sharlach 2007, 70). Neben der Unterbringung der Priesterinnen war der *giparu* auch der Ort, an dem die Frauen die mit dem Kult verbundenen alltäglichen Rituale ausführten

(Weadock 1975, 101). Die Frau, die zur Oberpriesterin oder *entu* ernannt wurde, genoss während der Zeit, in der sie diesen Titel trug, immense Macht, hatte aber auch viele Verantwortlichkeiten zu erfüllen, wie die oben erwähnten alltäglichen Funktionen und bis zu einem gewissen Grad den politischen Willen der Person, die sie ernannte. Die Priesterinnen der *giparu* wurden speziell für diese wichtige Rolle ausgewählt und mussten königlichen Blutes sein, was während der Ur-III.-Dynastie in der Regel bedeutete, dass sie die Tochter oder Schwester des Königs sein mussten (Weadock 1975, 101). Die Durchführung der alltäglichen Rituale war wichtig, aber der wahre theologische Wert der Priesterinnen bei den *giparu* von Ur war eher symbolisch; die Frauen wurden als die menschlichen Frauen des Gottes Nanna angesehen und geglaubt und erfüllten daher die zeitliche Rolle als Ningal (Weadock 1975, 101). Der Einsatz weiblicher Priesterinnen als Vermittlerinnen für eine göttliche Ehe war im alten Vorderasien nicht unbekannt - die alten Ägypter hatten eine religiöse Institution, die der *giparu* ähnlich war, die als die Gottesgemahlin des Amun bekannt war - aber die Frauen der *giparu* von Ur sind die ältesten bekannten Fälle der Welt. Die Priesterinnen der *giparu* verrichteten ihre Arbeit in der Regel außerhalb der Öffentlichkeit (1975, 103). Nach der Ur-III.-Dynastie, während der so genannten Ersten Isin-Dynastie (ca. 2017-1739 v.u.Z.) und der Larsa-Dynastie (ca. 1793-1763 v.u.Z.), entwickelte sich innerhalb des Nanna-Ningal-Komplexes ein Subkult, in dem die *Totenentus* verehrt wurden (Weadock 1975, 104). Die *giparu* und die Priesterinnen, die dort lebten, waren wirklich ein integraler Bestandteil des religiösen Lebens von Ur, aber sie spielten auch eine Rolle in der Wirtschaft und Politik der Stadt.

Archäologische Ausgrabungen in Ur haben ergeben, dass das eigentliche giparu-Gebäude mehrere Male einen Prozess durchlief - beginnend bereits in der frühdynastischen Periode und bis in die neubabylonische Zeit hinein - in dem die Struktur gebaut, zerstört und wiederaufgebaut wurde (Weadock 1975, 101). Die Tatsache, dass dem Gebäude und seinem Kult in verschiedenen Epochen und von verschiedenen Dynastien so viel Aufmerksamkeit geschenkt wurde, deutet darauf hin, dass es sowohl als wichtiger politischer als auch als religiöser Brennpunkt diente. Obwohl eine Form der *giparu* in Ur vielleicht schon in der frühen Dynastie existierte, erlangte sie erst während der Ur-III.-Dynastie ihre wahre politische Macht. Das Gebäude wurde während der Herrschaft von Ur-Nammu hinzugefügt oder vielleicht sogar ganz neu gebaut, und in der Regierungszeit seiner Nachfolger erlangte das Mäzenatentum für den Kult politische Bedeutung (Weadock 1975, 107). Die entu-Priesterinnen konnten ihre Macht unter anderem durch die riesigen Ländereien ausüben, die Nanna und Ningal und damit den *giparu* gehörten (Weadock 1975, 103). Im alten Nahen Osten gehörten die meisten Ländereien entweder dem König oder den verschiedenen Göttern und Göttinnen eines bestimmten Königreichs, und da die Gottheiten nicht in der Lage waren, physisch Steuern und Zahlungen für die Nutzung ihrer Ländereien einzuziehen, taten es die Priester und Priesterinnen ihrer Kulte. Da die Kulte von Nanna und Ningal die wichtigsten in Ur waren, war ihr Kult der wohlhabendste. Der Einfluss, der von den *giparu* in Ur ausging, dauerte Hunderte von Jahren, war aber nicht ununterbrochen. Archäologische Arbeiten an dem Gebäude haben ergeben, dass es einen besonders kostspieligen und zerstörerischen Rückschlag erlitt, als die Elamiten Ur angriffen und plünderten, was die Ur III-Dynastie beendete (Weadock 1975, 107).

Kapitel 6: Das Ende der Ur-III-Dynastie und die vorübergehende Zerstörung von Ur

So stark der Ur-III-Staat auch war, so wenig erfolgreich war er bei seinen Versuchen, andere Völker östlich von Mesopotamien zu besänftigen. Insbesondere eine Gruppe von Menschen, die sich Elamiten nannten, drang in Mesopotamien auf den Plan; später sollten die Elamiten ihre eigenen Königreiche mit beeindruckenden Kunst- und Architekturwerken errichten, aber um 2000 v. Chr.

waren sie ausschließlich an Plünderungen interessiert. Neben den archäologischen Zeugnissen, die einen großen Zerstörungsgrad von Ur zeitgleich mit dem Ende des Staates Ur III. zeigen, wurden später zahlreiche Keilschrifttexte zusammengestellt, die die Zerstörung von Ur beklagten. In einem der bekannteren Texte heißt es: „Seine gerechte Stadt, die zerstört wurde - bitter ist ihr Wehklagen. Sein Ur, das zerstört wurde - bitter ist sein Wehklagen. Sie klagen, was bitter ist - o Stadt, errichte dein Klagelied. . . Die Subarier und die Elamiten, die Zerstörer machten dreißig Schekel daraus. Das rechtschaffene Haus zerbrechen sie mit der Spitzhacke; das Volk stöhnt. Die Stadt, die sie zu Ruinen machen; das Volk stöhnt. Ihre Herrin weint: „Weh meiner Stadt“, weint: „Weh meinem Haus“. Ningal weint: „Weh meiner Stadt,“ weint: „Weh meinem Haus. Was mich, die Frau, betrifft, so ist meine Stadt zerstört worden, auch mein Haus ist zerstört worden; O Nanna, Ur ist zerstört worden, sein Volk ist zerstreut worden“. (Pritchard 1992, 455-461).

Für die Geschichtsschreibung ist der Text wichtig, weil er einen großen Teil der Schuld an der Zerstörung von Ur den Elamiten zuschreibt, die eigentlich von einem Königreich namens Schimaschki regiert wurden, das im Text als die Subarier bezeichnet wird (Van de Mieroop 2007, 83). Der Text ist auch archäologisch wichtig, da er die in Ur entdeckten Zerstörungen in Form von Verbrennungsschichten bestätigt, und auch theologisch. Auf die theologischen Auswirkungen der Zerstörung von Ur wird weiter unten näher eingegangen, aber die Ursachen, die zum Niedergang der Stadt geführt haben, müssen berücksichtigt werden.

Obwohl den Elamiten und Subariern zugeschrieben wird, dass sie die Ursache für die Zerstörung der Stadt Ur und der Ur-III.-Dynastie waren, haben eine Reihe von Faktoren den Niedergang beschleunigt. Die Geschichte zeigt, dass starke Gesellschaften immer in der Lage sind, Eindringlinge abzuwehren, insbesondere wenn sie technologisch weniger fortgeschritten sind. Um die Zerstörung von Ur zu verstehen, muss man daher interne Faktoren innerhalb der Ur-III.-Gesellschaft berücksichtigen. Moderne Gelehrte weisen darauf hin, dass eine der größten Stärken von Ur, die Wirtschaft, bis zu einem gewissen Grad auch Teil des Niedergangs war. So effizient die Wirtschaft von Ur III. in Bezug auf die abgelegenen Provinzen, die Ur Tribut zollten, auch war, so oft operierten dieselben Provinzen unabhängig und manchmal mit den Feinden von Ur (Van de Mieroop 2007, 82). Der konföderative Charakter der Wirtschaft von Ur III. schien gut zu funktionieren, wenn der Staat stark war, aber die Teile, die das Ganze ausmachten, waren nicht bereit zu helfen, wenn Ur bedroht war. Zum

Zeitpunkt des letzten Königs von Ur III., Ibbi-Sin (ca. 2028-2004), hatten viele der abgelegenen Provinzen begonnen, sowohl ihre politische als auch ihre wirtschaftliche Unabhängigkeit zu behaupten.

Die politischen Probleme in der Ur-III.-Dynastie begannen wahrscheinlich während der Herrschaft von Shu-Sin (ca. 2037-2029), erreichten aber während der Herrschaft von Ibbi-Sin Krisenausmaße (Kuhrt 2010, 1:70). Mehrere Provinzen hörten auf, ihre Steuern an Ur zu zahlen, und die Schreiber in einigen der wichtigeren Städte unter der Kontrolle von Ur - Umma, Girsu und Nippur - hörten auf, Dokumente unter Ibbi-Sins Namen zu datieren (Van de Mieroop 2007, 82). Die Datierung und Chronologie im Alten Orient erfolgte anhand von Königslisten und Annalen und war wie die meisten anderen Dinge in dieser Zeit mit der Religion verflochten. Der König von Ur wurde von den Göttern ernannt. Als die Schriftgelehrten aufhörten, ihre Namen zur Datierung von Dokumenten zu verwenden, zeigt dies, dass die anderen Städte Mesopotamiens begannen, den Respekt vor den politischen Führern von Ur zu verlieren.

Ein Korrespondenzschreiben zwischen zwei Mitgliedern der Ur-III-Bürokratie fasst die politische Lage zusammen: „Nachdem Sie mit Ibbi-Sin, meinem König, gesprochen haben: „Das sagt Isbi-Erra, Ihr Diener: „Mir wurde befohlen, Gerste zu kaufen. Die Gerste hat einen Wert von

1 (Schekel Silber) pro Kor Gerste (und) 20 Talente Silber wurden für den Gerstenkauf zur Verfügung gestellt. Es gingen Berichte ein, dass feindliche Martu (Amoriten) in Ihr Gebiet eingedrungen sind, und ich habe 72.000 Kor Gerste, die gesamte Gerste, nach Isin gebracht. Nun sind die Martu vollständig in das Land von Sumer eingedrungen (und haben dort alle Festungen eingenommen). Wegen der Martu kann ich die Gerste nicht zum Dreschen geben. Sie sind stärker als ich. Ich sollte beschlagnahmt werden. Möge mein König 600 Transportboote mit einer Kapazität von 120 Kor vorbereiten lassen ... Ich übernehme (den Schutz) des Ortes, an dem die Boote anlegen, und somit kann die gesamte (?) Gerste in ihrer Gesamtheit gelagert (und) umgeschlagen werden. In der Annahme, dass Sie die Gerste zu stark schwinden lassen, werde ich Gerste zu Ihnen bringen lassen. Mein König, die Elite ist in der Schlacht bitter geworden, seine Gerstenrationen werden bald erschöpft sein, Sie sollten Ihren Arm nicht schlaff werden lassen, Sie sollten sich nicht beeilen, eine Dienerbeziehung mit ihm einzugehen, und Sie sollten ihm nicht nachlaufen! Gerste für 15 Jahre: Ihre Vorräte für den Palast und die Stadt sind alle in meiner Hand. Die Bewachung von Isian und Nibru, meinem König, nehme ich auf mich! Möge mein König (dies) wissen!" (Kuhrt 2010: 1:70-71).

Der Mangel an Getreide brachte Ibbi-Sin und Ur in eine prekäre Lage, nicht weil der König nicht in der Lage war, sein Volk zu ernähren, sondern weil er nicht in der Lage war, seine Truppen zum Schutz der Stadt zu bezahlen. Warum es Ur zu dieser Zeit an Getreide mangelte, ist unklar; es könnte mit Randstaaten zu tun haben, die ihre Unabhängigkeit behaupteten und sich weigerten, die Getreidesteuern zu zahlen, oder es könnte eine Hungersnot oder Dürre gegeben haben (Van de Mieroop 2007, 83), oder es gab wahrscheinlich eine Reihe von Faktoren, die dazu beitrugen. Die Suche nach Antworten auf die Frage, warum Ur ablehnte, scheint nur zu weiteren Fragen zu führen, doch später gaben die Bewohner von Ur eindeutig ihren Vorgängern die Schuld.

Die meisten der überlieferten Keilschrifttexte, die sich auf die Zerstörung von Ur beziehen, sind voller theologischer Bezüge. In den meisten dieser Texte wird entweder implizit oder ganz explizit festgestellt, dass Ur gelitten hat, weil seine Bewohner die sumerischen Gottheiten nicht richtig verehrten. In einem Text heißt es:

„Dass das Königtum vom Land weggetragen wird,

Dass sein Gesicht auf feindlichen Boden gelenkt wird,

Dass in Übereinstimmung mit dem Kommando von An (und)

Enlil, 'Recht und Ordnung' hört auf zu existieren -

(All dies war) nachdem An alle

Länder,

Nachdem Enlil sein (freundliches) Gesicht auf
feindseliges

Boden,

Nachdem Nintu ihre (eigenen) Geschöpfe
niedergeworfen hatte,

Nachdem Enki den (Verlauf des) Tigris umgestürzt
hatte

(und) Euphrat,

Nachdem Utu die Straßen (und Autobahnen)
verflucht hatte . . .

An, Enlil, Enki, (und) Ninhursag verordneten (als)
ihr Schicksal -

Das von ihnen verordnete Schicksal kann nicht
geändert werden . . .

Enlil brachte Elam, den Feind, vom Berg herunter,

Er ließ Nanshe, die Fürstentochter, in

eine fremde Stadt,

Er hat Ninmar in (ihrem) Schrein in die Flammen gesteckt

Gubba,

Sein Silber (und) Lapislazuli wird in großen Booten abtransportiert . . .

Über Hursagkalamma, das Haus von Kish, einer bösen Hand

Wurde platziert . . . .

Vor Enlil wurde eine Klage in seiner Stadt, dem Heiligtum

Nippur . . .

Girsu, die Stadt der Helden, wurde zu einem feigen

Ort . . . . .

Oh Enki, deine Stadt wurde verflucht, sie wurde gemacht

in feindliches Gebiet,

Warum zählen Sie uns zu denjenigen, die

aus Eridu vertrieben . . .

Unten sind die Elamiten wie diejenigen, die Folgendes hervorbringen

Wehe, sie schwingen ihre Waffen,

Oben, wie Spreu, die der Wind umherweht, ist die

Steppe . . .

Ur, der große wilde Ochse, der (früher) hervortrat

Selbstbewusst (im Kampf), wurde auf die Knie
gezwungen." (Pritchard 1992, 612-19).

Wenige, wenn überhaupt Gelehrte würden heute
argumentieren, dass die sumerischen Götter eine direkte
Rolle beim Niedergang von Ur spielten, aber es wäre
logisch anzunehmen, dass neben den anderen Problemen,
die Ur erlebte, ein allgemeiner Mangel an religiösen
Gefühlen in der Stadt zu einem allgemeinen kulturellen
Unbehagen beitrug. Als die Einwohner von Ur aufhörten,
sich um ihre Religion zu kümmern, hörten sie auch auf,
sich um ihre Führer, die Regierung und andere kulturelle
Traditionen zu kümmern, was schließlich dazu führte,
dass fremde Eindringlinge die Stadt leicht überrennen
konnten.

Nachdem die Elamiten Ur überrannt und geplündert
hatten, nahmen sie Ibbi-Sin gefangen und brachten den
unglücklichen König zurück nach Elam. Die Elamiten
besetzten Ur dann etwa sieben Jahre lang, bis ein König
aus der Stadt Isin namens Ischbi-Erra (ca. 2017-1985 v.
Chr.) die Eindringlinge vertrieb (Van de Mieroop 2007,

84). Danach kehrte Mesopotamien zu einer politischen Situation zurück, die den Verhältnissen vor dem Aufstieg der Ur-III-Dynastie - Zersplitterung und konkurrierende Stadtstaaten - sehr ähnlich war (Kuhrt 2010, 1:74). Zu den Städten, die in dieser Zeit an Macht gewannen, gehörten Babylon, Mari, Isin und Larsa; Ur überlebte, aber seine politische Macht wurde zum größten Teil beseitigt. Das goldene Zeitalter der Hegemonie von Ur über Mesopotamien war vorbei, aber seine kulturelle und politische Bedeutung blieb weiterhin bestehen.

Nach der sumerischen Königsliste begann Ischbi-Erra, der König von Isin, der die Elamiten aus Ur vertrieb, seine politische Karriere als Beamter unter dem letzten König von Ur III, Ibbi-Sin (Kuhrt 2010, 1:76). Obwohl Ishbi-Erra sein Königreich von Isin aus regierte und von modernen Gelehrten als erster König der Isin-Dynastie anerkannt und daher von Ur III unterschieden wird, praktizierte er ein Programm kultureller Kontinuität, das Isin mit Ur verband. So behielt er zum Beispiel viele der königlichen Titulatur und Epitheta bei, die von den Königen von Ur III verwendet wurden, wie „König der vier Viertel des Universums", und er förderte den *giparu* von Ur (Kuhrt 2010, 1:76). Was den *giparu* betrifft, so behielt Ishbi-Erra, nachdem er sich als König von Isin etabliert und die Kontrolle über Ur übernommen hatte, Ibbi-Sins Tochter als Endu-Priesterin bis zu ihrem Tod bei, und danach hielt er die Tradition aufrecht, indem er seine eigene Tochter einsetzte (Kuhrt 2010, 1:76). Trotz Ishbi-Erras Schirmherrschaft über die religiösen Institutionen von Ur und seiner Verwendung der königlichen Ideologie der Stadt begannen die nachfolgenden Isin-Könige, Ur zu ignorieren, und schließlich wurde Isin selbst von der Stadt Larsa überholt. Trotz dieser unglücklichen Wendung der Ereignisse sollte die Bedeutung von Ur in Mesopotamien fortbestehen.

Kapitel 7: Die Erweckung von Ur unter den Kassiten und Babyloniern

Auch wenn Larsa der unmittelbare Sieger seines Kampfes mit Isin um die Kontrolle über das südliche Mesopotamien gewesen sein mag, war es doch Babylon, das letztendlich den größten Teil der Beute mit nach Hause nahm. Unter dem, was moderne Gelehrte als die Erste Dynastie von Babylon bezeichnen, die manchmal auch als Amoritendynastie bekannt ist, wurde Babylon unter Herrschern wie Hammurabi (ca. 1792-1750), der für seine gewaltsame Eroberung des größten Teils Mesopotamiens und sein gleichnamiges Gesetzbuch bekannt ist, zu einer Stadt von Weltrang (Van de Mieroop 2007, 111-15). Die großen Könige von Babylon widmeten den größten Teil ihrer Bautätigkeit ihrer eigenen Stadt, und so wurde Ur erneut in einen Rückstand gedrängt, der sich noch verschlimmerte, als Mesopotamien um 1590 v.

Chr. in ein dunkles Zeitalter eintrat, das etwa 100 Jahre lang andauerte (Van de Mieroop 2007, 122-23). Während des dunklen Zeitalters in Mesopotamien erlitt Babylon große Schäden, aber als sich der Rauch schließlich lichtete, wurde es von einer neuen Dynastie, den Kassiten, regiert, die viele mesopotamische Traditionen fortsetzte, darunter auch ein erneutes Interesse an Ur.

Die Geschichte Mesopotamiens war eine Geschichte konkurrierender Städte und Dynastien, die, wie die Zerstörung von Ur durch die Elamiten beweist, oft gewaltsam verlief. Allerdings verehrten die zahlreichen Ethnien Mesopotamiens oft die gleichen Gottheiten, so dass die Eroberer Könige den religiösen Tempeln und Institutionen einer Stadt in der Regel Respekt und Achtung entgegenbrachten. Zerstörte Tempel wurden oft wiederaufgebaut, und diejenigen, die nicht zerstört wurden, erhielten oft Ergänzungen. Als die Kassiten die Kontrolle über Babylon übernahmen, gaben sie sich große Mühe, sich als legitime babylonische Herrscher darzustellen, indem sie Dinge wie die Rückgabe der Statue des Gottes Marduk in ihren Tempel in der Stadt taten (Kuhrt 2010, 1:338) und in religiösen und administrativen Dokumenten die sumerische und akkadische Sprache verwendeten (Kuhrt 2010, 1:339). Die Kassiten interessierten sich auch für die religiösen Institutionen von Ur.

Um das Jahr 1400 v. Chr. begann der kassitisch-babylonische König Kurigalzu I. mit einem Programm zum Wiederaufbau vieler der religiösen Heiligtümer von Ur (Weadock 1975, 111). Der genaue Grund für dieses Programm bleibt unbekannt, da es an schriftlichen Quellen mangelt, die die Arbeit im Einzelnen beschreiben, aber es würde den Bemühungen um politische Legitimation folgen, die die anderen Kassiten in Babylon unternommen haben. Das Interessante an Kurigalzu's Bemühungen in Ur ist jedoch, dass die Projekte einen eher säkularen Charakter angenommen zu haben scheinen (Clayden 1995, 63). Insbesondere die *giparu*, die während der Ur-III-Dynastie eine so wichtige Rolle spielte, wurde als Wohngebiet beibehalten, war aber nicht mehr Teil des Ningal-Tempels (Clayden 1995, 63). Der Ningal-Tempel wurde, auf die vom *giparu entfernte* Zikkurat-Terrasse verlegt, was auf eine Schwächung der Macht der entu-Priesterinnen, aber nicht unbedingt von Ur selbst hindeutet. Nach der Neugründung des Ningal-Tempels durch die Kassiten-Könige unternahmen die nachfolgenden Dynastien wenig, um den Tempel aufrechtzuerhalten oder seine Kulte zu fördern, so dass der Tempelkomplex verfiel und das Amt der *Endu-Priesterinnen* bis ins siebte Jahrhundert v. Chr. verschwand (Clayden 1995, 63).

Einer der beeindruckendsten Aspekte der Kassiten war

ihre Fähigkeit, ihre Herrschaft über Mesopotamien in einer Weise zu verlängern und zu überdauern, wie es vor ihnen keine andere Dynastie vermochte. Die Kassiten herrschten in der Region von etwa 1530 bis 1155 v. Chr., womit sie mit Sicherheit zu den längsten Herrscherdynastien des alten Nahen Ostens gehören würden (Kuhrt 2010, 1:335). Die Zeit der Kassitenherrschaft über Ur fand statt, als die Könige von Babylon mit denen aus Ägypten, Hatti und Assyrien um die Kontrolle über ihre kleineren Nachbarn wetteiferten. Die Großmächte vermieden in der Regel direkte Konfrontationen miteinander und zogen stattdessen die Diplomatie vor, um ihre Streitigkeiten beizulegen (Kuhrt 2010, 1:339), aber bis zum zwölften Jahrhundert v. Chr. waren die Assyrer zur dominierenden Macht in Mesopotamien geworden. Die kriegerischen Assyrer zerstörten und eroberten viele Städte im alten Vorderasien, und das Ur, das uralt war, als sie an die Macht kamen, gehörte gewöhnlich zu ihren imperialen Plänen.

Kapitel 8: Die Assyrer und Ur

Obwohl Ur weit von Assyrien entfernt lag, das im Norden in der Nähe des Oberlaufs des Tigris lag, war es dennoch eine wichtige symbolische Stadt in Mesopotamien, als die Assyrer im zwölften Jahrhundert mit der Eroberung Mesopotamiens begannen. Obwohl sie ein besonders kriegerisches Volk waren, waren die Assyrer auch recht belesen und versiert in der Geschichtsschreibung. Während der Regierungszeit des assyrischen Königs Tiglath-Pileser I. (ca. 1114-1076) begannen die Assyrer erstmals, ihre militärischen Expeditionen, königlichen Jagden und Bauprogramme in detaillierten chronologischen Annalen festzuhalten (Van de Mieroop 2007, 180). Der Kontext der Annalen war theologischer Natur, da sie als Briefe der Könige an ihre Götter gedacht waren (Speiser 1983, 66), doch lassen sich aus ihnen viele geographische und historische Informationen entnehmen, wenn man Mythos und Geschichte auseinanderhalten kann. Als Tiglath-Pileser I. damit begann, seine historischen Taten für seine Götter aufzuzeichnen, wurde die Stadt Ur als eine der von ihm kontrollierten Städte aufgeführt. So steht es in den Annalen: „Arpadda, Haurâni . . . --ta--, Dinanu, [Kaprabi,] Städte Bit-Adinia, Ta-ri . . . Hrumu, Anlama-, Urrus, Ur." (Luckenbill, 1:294). Die Erwähnung zeigt, dass Ur zwar wieder in den Status eines Rückzugsgebietes zurückversetzt wurde, aber dennoch einen Teil seines Glanzes behielt, zumindest so viel, dass der mächtige assyrische König es unter seinen Eroberungen erwähnte.

Ur trat in den Annalen späterer assyrischer Könige und auch in Bauprogrammen stärker in Erscheinung. Sargon II. (721-705 v. Chr.) erwähnte Ur in verschiedenen

Annalen als eine der Städte, die er durch die Rückgabe seiner Kultstatuen - in den Texten einfach als „Götter" bezeichnet – „wiedererrichtete", die von früheren Eroberern weggenommen worden waren. Der Text lautet: "Die Menschen von Sippar, Nippur, Babylon, Borsippa, die dort ohne ihr Verschulden gefangen gehalten wurden, - ich brach ihre Fesseln und ließ sie das Licht (des Tages) erblicken. Ich kehrte auf ihre Felder zurück, die der Sutu während der Anarchie im Land seit jeher erobert hatte. Die Sutu, das Wüstenvolk, habe ich mit dem Schwert niedergemetzelt. Ihre Grenzen, in die man eingedrungen war, stellte ich wieder auf ihre früheren Grenzen zurück. Die Unabhängigkeit von Ur, Erech, Eridu, Larsa, Kisik und Nimid-Laguda stellte ich (wieder) her und brachte ihre gefangenen Götter in ihre Städte zurück. Ihre Einkünfte, die eingestellt worden waren, stellte ich wieder her". (Luckenbill, 2:20-1).

Ein weiteres Jahrbuch aus der Regierungszeit Sargons II. führt Ur ebenfalls als eine der Städte des Assyrischen Reiches auf, stellt aber fest, dass der assyrische König sein Volk „zum Schweigen bringen" musste, was auf eine Rebellion hindeutet. Im Text heißt es: „Ich unternahm die (Re)Habilitation von Sippar, Nippur, Babylon und Borsippa, ich glich die Verluste der Klientinnen und Klienten aus, alles, was es gab, und übertrug die Aufgaben von Der, Ur, Uruk, Eridu, Larsa, Kullab, Kissik

und Nimid-Laguda, ich brachte ihr Volk zum Schweigen.
Die Freiheit von Assur und Harran, die aus fernen Tagen
übersehen worden war, und ihre Freundschaft, die
aufgehört hatte, stellte ich wieder her." (Luckenbill,
2:101).

 Die im Text angedeutete Rebellion wird durch einen
Text aus der Regierungszeit des assyrischen Königs
Sennacherib (704-681 v. Chr.) weiter erhärtet.
Sennacherib führte dasselbe gewaltsame
Eroberungsprogramm wie Sargon II. fort, aber die
Annalen, die der König hinterließ, sind aufschlussreicher
für die politische Situation. Ein besonderes Jahrbuch aus
Sennacheribs Regierungszeit beschreibt einen Krieg, den
er gegen den König von Babylon und seine Verbündeten,
darunter Ur, führte. Darin heißt es: „Zu Beginn meiner
Herrschaft, als ich feierlich meinen Platz auf dem Thron
einnahm und die Bewohner Assyriens mit Barmherzigkeit
und Gnade regierte, brachte Merodach-Baladan, König
von Babylonien und Anstifter der Revolte, Verschwörer
der Rebellion, Täter des Bösen, dessen Schuld
schwerwiegend ist, Shutur-Nahundu, die Elite, auf seine
Seite, gab ihm Gold, Silber und Edelsteine und sicherte
ihn als Verbündeten. Imbappa, *Schildkröte* des Königs
von Elam, Tannânu, der zweite Befehlshaber, 10
(Divisions-)Befehlshaber, zusammen mit Nergal-nâsir,
dem Sutean, der furchtlos in der Schlacht war, 80.000

Bogenschützen, ... Pferde, die bei ihnen waren, schickte er nach Sumer und Akkad (Babylonien) zu seiner Hilfe. Und dass [Merodach-Baladan], die Städte . . . Ur, Eridu, Kullab, Kissik, Nimid-Laguda, die Länder Bit-Iakin, Bit-Amukkâni, Bit-Salli, Bit-Dakkuri, alle Chaldäer... ganz Babylonien, versammelte er sich und stellte sich zum Kampf auf." (Luckenbill, 2:128-9).

Eine Darstellung von Sennacherib in seinem Palast

Obwohl bekannt ist, dass Sennacherib den größten Teil Mesopotamiens erfolgreich zurückerobern konnte, ist nicht bekannt, welche Auswirkungen er, wenn überhaupt, auf Ur hatte. Zum jetzigen Zeitpunkt ist nicht bekannt, ob Sennacherib eine weitreichende Zerstörung von Ur befohlen hat, wie es der assyrischen Praxis gegenüber denjenigen entspricht, die sich ihnen widersetzten, aber es ist bekannt, dass einer seiner Nachfolger beträchtliche Ressourcen für die südliche mesopotamische Stadt einsetzte.

Es war bekannt, dass die Assyrer im Allgemeinen grausam gegenüber Städten und Völkern waren, die sich ihnen widersetzten, und oft ganze Bevölkerungsgruppen derer, die sich ihnen widersetzten, in die entlegensten Winkel ihres Reiches umsiedelten. Die erzwungene Vertreibung der widerstrebenden Bevölkerungen fand statt, nachdem die mächtige assyrische Armee die betreffende(n) Stadt(en) durch Nivellierung der Gebäude und Einnahme der Kultstatuen ihrer wichtigsten Götter und Göttinnen zerstört hatte. Ashurbanipal (668-627 v. Chr.), der einer der letzten Könige der neoassyrischen Dynastie war, wird heute von vielen als einer der Könige angesehen, die diese brutalen Taktiken mehr als die meisten und sicherlich weiterverbreitet als seine Vorgänger anwandten. Ashurbanipal zerstörte zahlreiche mesopotamische Städte zusammen mit anderen in der Levante und in Ägypten, was ihn in Bezug auf die Zerstörung sicherlich produktiver machte als viele seiner Vorfahren, aber es gibt auch Hinweise darauf, dass er sich für Ur interessierte.

Die meisten Hinweise der assyrischen Könige auf Ur erfolgten im Zusammenhang mit Eroberung oder

Rebellion, aber Ashurbanipal bezog sich in einem religiösen Text auf die antike Stadt, wo er versuchte, seinen Göttern zu gefallen. Der Text lautet: „Die großen Götter haben in ihrem Konzil (für mich) ein günstiges Schicksal beschlossen und (mir) einen empfänglichen Geist gewährt. Sie brachten mich dazu, die gesamte Schriftkunst zu erfassen. In der Versammlung der Fürsten [vergrößerten sie] meinen Namen, sie machten meine Herrschaft mächtig. Macht, Männlichkeit, enorme Macht gewährten sie mir; die ungehorsamen Ländereien legten sie in meine Hände. Sie brachten mich dazu, das Priestertum zu erlangen [was ich mir wünschte]. Die Opfergaben, die ich brachte, gefielen [den Göttern]. Die Heiligtümer der großen Götter, meine Herren, [habe ich] mit Gold und [Silber] wiederhergestellt. Kolosse, Sturmvogelbilder und mächtige Säulen stellte ich vor ihren Toren auf. [Esharra], Emaschmasch, den Tempel der Herrin des Landes . . .., [habe ich prächtig gemacht] wie die [himmlische „Schrift."] Die Herrin . . . über . . . das Land Ur." (Luckenbill, 2:323-24).

Der Text verweist eindeutig auf Verbesserungen, die Ashurbanipal in Ur vorgenommen hat, was darauf hindeutet, dass die Stadt auch im siebten Jahrhundert v. Chr. theologisch wichtig war. Archäologische Arbeiten, die von Woolley in Ur durchgeführt und später von anderen Gelehrten untersucht wurden, scheinen die

Behauptungen von Ashurbanipal zu bestätigen.

Wie oben erwähnt, wurde der *giparu* von Ur in verschiedenen Dynastien mehrmals gebaut, umgebaut, erweitert und versetzt. Was die *giparu* und die entu-Priesterinnen, die dort dienten, für die verschiedenen Dynastien bedeuteten, war unterschiedlich, aber sie alle betrachteten die Institution und die Gottheiten Nanna und Ningal als wichtige theologische und politische Säulen von Ur. Der assyrische Gouverneur Sin-balassu-iqbi, der unter Ashurbanipal diente, baute die *giparu* um 650 v. Chr. in der Nähe ihres ursprünglichen Standorts wieder auf, installierte aber das Amt der Endu-Priesterin nicht wieder (Weadock 1975, 112). Es ist nicht bekannt, warum Ashurbanipal das Amt nicht wiedereinrichtete, aber man kann davon ausgehen, dass der König, da er so aktiv mit militärischen Eroberungen beschäftigt war, die er persönlich leitete, nicht die Zeit hatte, eine seiner Töchter gemäß der Tradition einzusetzen. Andere in Ur ausgegrabene Beweise, die sich definitiv in die neoassyrische Dynastie datieren lassen, wie etwa eine große Horde Schmuck aus einer zentralen Schatzkammer (Reade 2001, 178), deuten darauf hin, dass Ur in den späteren Perioden der alten mesopotamischen Geschichte ein gewisses Maß an materiellem Reichtum und möglichem Einfluss besaß. Die Entdeckungen aus assyrischer Zeit in Ur zeigen einmal mehr die anhaltende

Bedeutung der Stadt, und die Tätigkeit von Ashurbanipal dort war von Kontinuität mit früheren Dynastien geprägt, und nachdem die Assyrer in rascher Folge gestürzt worden waren, beeindruckte Ur weiterhin Könige und wurde von einer beträchtlichen Bevölkerung bewohnt.

Kapitel 9: Ur in der Spätantike

Als Dynastien und Menschen im gesamten alten Nahen Osten aufstiegen und fielen, war Ur eine der Konstanten; es erlitt Zerstörung durch Eindringlinge und wurde von Zeit zu Zeit vernachlässigt, aber es schien immer wieder aufzutauchen, um eine neue Dynastie zu inspirieren. Nachdem die Assyrer schließlich vom politischen und kulturellen Schachbrett Mesopotamiens besiegt worden waren, trat schnell eine neue Dynastie an ihre Stelle - die neobabylonische Dynastie. Wie der Name schon sagt, gründeten die Neo-Babylonier ihre Dynastie aus der ehrwürdigen Stadt Babylon, aber sie waren Außenseiter, da sie einer semitischen Volksgruppe angehörten, die als Chaldäer bekannt war und im frühen ersten Jahrtausend v. Chr. in die Region um Babylon einwanderte (Kuhrt 2010, 2:275). Der bekannteste aller neubabylonischen Könige war Nebukadnezar II. (604-562 v. Chr.) aufgrund der zahlreichen Hinweise auf ihn im Alten Testament, aber es war der letzte neubabylonische König, Nabonidus (555-539 v. Chr.), der Ressourcen für die Erhaltung von Ur und seiner Kultur einsetzte.

Die Herrschaft von Nabonidus ist besonders gut dokumentiert, da es eine Reihe erhaltener Texte gibt, die den Aufstieg und den endgültigen Fall des Königs durch die achämenidischen Perser dokumentieren. Einigen dieser Texte zufolge gehörte Ur zu einer Reihe anderer Städte im südlichen Mesopotamien, die in Ruin und Dekadenz gefallen waren, was der König persönlich wiedergutmachte. In dem Text hieß es: „Aber die Bürger von Babylon, Borsippa, Nippur, Ur, Uruk (und) Larsa, die Verwalter (und) die Bewohner der städtischen Zentren Babyloniens handelten böse, nachlässig und richteten sich gegen seine große göttliche Macht, da sie (noch) nicht die Schrecklichkeit des Zornes des Göttlichen Halbmondes, des Königs aller Götter, erlebt hatten; sie missachteten seine Riten und es wurde viel irreligiöses und illoyales Gerede darüber geführt. Sie verschlangen sich gegenseitig wie Hunde, ließen Krankheit und Hunger unter ihnen auftauchen. . . Zehn Jahre lang zog ich zwischen diesen (Städten) umher und betrat nicht meine eigene Stadt Babylon." (Pritchard 1992, 562).

Eine Darstellung von Nabonidus

Der Text scheint auf zwei verschiedenen Ebenen zu operieren: Es gibt den formelhaften Aspekt des Textes, in dem die Bürger von Ur ihre Ruine durch ihre eigenen Torheiten einluden - was den Texten ähnelt, die den Fall der Stadt am Ende der Ur III.-Dynastie beschrieben - und es gibt die historiographische Komponente, die besagt, dass Nabonidus jede der Städte im südlichen Mesopotamien besuchte. Es ist nicht bekannt, wie lange Nabonidus in Ur blieb, aber die Beweise zeigen, dass er zumindest nominelle Anstrengungen unternahm, seine Macht in der Stadt zu konsolidieren.

Das bemerkenswerteste politische Manöver, das Nabonidus in Ur unternahm, war die Wiederbelebung des Amtes des *ENTU*. Wie bereits erwähnt, übten die ENTU-Priesterinnen in Ur beträchtliche Macht aus, und obwohl das *giparu* während der Herrschaft von Ashurbanipal wiederaufgebaut wurde, blieb das Amt selbst unbesetzt. In der wahren religiösen Tradition von Ur ernannte Nabonidus seine Tochter Ennigaldi-Nanna zur Oberpriesterin (Weadock 1975, 101), was dem König zweifellos überall in der Stadt Augen und Ohren verschaffte. Tatsächlich scheint es so, als ob Nabonidus die Wiedereinsetzung des Amtes der Ennigaldi-Priesterin eher eine praktische Angelegenheit war als eine tiefe Verehrung von Ur und seinen Traditionen. Nabonidus' Einfluss auf Mesopotamien war bestenfalls schwach, so dass er, um die immer noch wichtige Stadt Ur fest unter seine Kontrolle zu bringen, die Kontrolle über eine der wichtigsten religiösen Institutionen der Stadt erlangen musste. Trotz seiner besten Bemühungen wurde Nabonidus vom Thron geschlagen, als der achämenidische Perserkönig Cyrus seine Armee nach

Babylon führte, und obwohl die Achämeniden den
größten Teil ihrer Ressourcen den größeren Städten ihres
Reiches widmeten, zeigen Beweise, dass Ur unter ihrer
Herrschaft Bestand hatte.

Ausgrabungen in Ur haben ergeben, dass der höchste
oder jüngste archäologische Stand der Privatresidenzen
definitiv in die persische Zeit datiert werden kann (Porada
1960, 228). Auf der gleichen Ebene wurden auch eine
Reihe von Münzen in der Werkstatt eines
Siegelschneiders entdeckt, von dem man annimmt, dass es
sich dabei um eine Werkstatt handelte (Porada 1960, 230).
Die Münzen zeigen, dass Ur auch nach der Eroberung
Mesopotamiens durch die Perser als Residenzstadt diente,
aber sie verraten nicht, wie wichtig die Stadt für die Perser
war. Die Münzen zeigen eine Fülle verschiedener
künstlerischer Einflüsse - griechische, ägyptische,
babylonische, assyrische und persische - und die meisten
sind datiert, was bedeutet, dass ein endgültiges Datum für
die Besetzung von Ur vermutet werden kann. Auf der
Grundlage der numismatischen Zeugnisse und der
erhaltenen Tafeln ist Ur wahrscheinlich irgendwann nach
der Eroberung der Region durch Alexander den Großen
um 331 v. Chr. verlassen worden (Porada 1960, 228).
Nachdem Ur verlassen worden war, dauerte es über 2.000
Jahre, bis Gelehrte und Abenteurer die Stadt und all ihren
Ruhm wiederentdeckten. Doch die Verlassenheit von Ur

und seine moderne Wiederentdeckung sind nicht das letzte Kapitel in der reichen Geschichte der Stadt; in jüngster Zeit hat Ur inmitten großer politischer Unruhen ums Überleben gekämpft.

Kapitel 10: Der moderne Existenzkampf von Ur

Bilder von Amerikanern, die zwischen den Ruinen von Ur spazieren

Das letzte Kapitel in der langen und ehrwürdigen Geschichte von Ur wird immer noch geschrieben, und wegen der Instabilität in der Region hängt es prekär im Wind und soll von der launischen Natur derer bestimmt werden, die sich wenig um die alten Geheimnisse der Stadt kümmern. Als Saddam Hussein die Macht im Irak übernahm, lud er Gelehrte aus der ganzen Welt ein, in sein Land zu kommen, um die alten mesopotamischen Denkmäler zu studieren und zu erhalten. In dieser Hinsicht könnte man sagen, dass Hussein ein Mäzen der alten mesopotamischen Geschichte ist, aber der Diktator hat diese Denkmäler auch durch unablässige Kriegsführung zerstört.

Hussein verwickelte den Irak in drei Kriege, die kostspielig waren, was Menschenleben, die Infrastruktur des Landes und die vielleicht weniger bekannten Zerstörungen der antiken Kultur des Landes betraf. Von 1980-88 kämpfte der Irak in einem besonders brutalen und blutigen Krieg gegen den Iran und wurde dann 1991 im Rahmen der Operation Desert Storm und erneut 2003 überfallen, was natürlich ein viel längerer Krieg war, der bis heute bis zu einem gewissen Grad mit dem Kampf gegen den islamischen Staat im nördlichen Teil des Landes andauert. Während des Irak-Iran-Krieges entstanden minimale Schäden an den Antiken des Landes, aber während der Kriege 1991 und 2003 kam es zu umfangreichen Diebstählen und Plünderungen von Museumsstücken - viele davon stammten aus Ur - und indirekten Angriffen auf Ur und andere antike Stätten (Schipper 2005, 251).

Der Einmarsch der von den Amerikanern angeführten Koalition in den Irak im Jahr 1991 mag denjenigen, die die Live-Veranstaltungen auf CNN verfolgten, geordnet erschienen sein, aber die Ergebnisse waren etwas chaotischer, insbesondere im Hinblick auf die Antiquitäten des Irak. Die irakische Antikenbehörde schätzte, dass etwa 4.000 Gegenstände aus ihren Museen gestohlen wurden (Schipper 2015, 252). Viele der aus den Museen geraubten Stücke landeten in Privatsammlungen in Europa und Nordamerika, die offenbar vor Beginn der Invasion von skrupellosen Personen „bestellt" worden waren (Schipper 2005, 252). Während der Invasion wurde Ur mehrfach von Raketen und Schüssen getroffen; vor allem die Zikkurat von Ur wurde direkt getroffen und hatte an ihrer Südwand etwa 400 Granatlöcher (Schipper 2005, 252-2). In der Nähe der Zikkurat, die eine Zeit lang als irakischer Militärstützpunkt diente, waren auch fünf große Bombenkrater sichtbar (Schipper 2005, 254). Die Praxis, eine alte Stätte als Militärstützpunkt zu nutzen, war für die Iraker nicht neu, da sie auch die Stätte Babylon nutzten, die dann nach dem erneuten Einmarsch der Amerikaner in den Irak im Jahr 2003 in ein US-Lager umgewandelt wurde (Schipper 2005, 255). Glücklicherweise blieb die königliche Nekropole von Ur von den Wechselfällen des Krieges unberührt, obwohl sie so exponiert ist wie die Zikkurat (Schipper 2005, 261).

Das vielleicht größte Problem, mit dem Ur in dieser Zeit konfrontiert war, war der Mangel an professionellen Wissenschaftlern, die den durch den Krieg verursachten Schaden hätten mildern können. Zwischen 1991 und 2003 besuchten nur wenige nicht-irakische Wissenschaftler das Land, und diejenigen, die dies nur zwischen 1999 und 2003 taten (Schipper 2005, 253). Die archäologische Situation im Irak im Allgemeinen und speziell in Ur verschlechterte sich nach der Invasion von 2003 weiter

(Schipper 2005, 270). Da die derzeitige irakische Regierung kaum in der Lage ist, den islamischen Staat im Norden des Landes einzudämmen, hängt die archäologische Zukunft von Ur in der Schwebe.

Eine moderne Luftaufnahme von Ur

Ruinen eines Fußbodens und von Wänden in einem der Gebäude in Ur

Online-Ressourcen

Weitere Bücher zur Alten Geschichte von Charles River Editors

Andere Bücher über die Sumerer am Amazonas

Andere Bücher über Ur bei Amazon

Andere Bücher über Uruk am Amazonas

Bibliografie

Baker, H.D. "Die Stadtlandschaft im ersten Jahrtausend vor Babylonien". Universität Wien.

Beaulieu, Paul-Alain (2003). Das Pantheon von Uruk während der neubabylonischen Periode. BRILL. S. 424. ISBN 90-04-13024-1.

Charvát, Petr; Zainab Bahrani; Marc Van de Mieroop (2002). Mesopotamien vor der Geschichte. London: Routine. S. 281. ISBN 0-415-25104-4.

Crawford, Harriet E. W. (2004). Sumer und die Sumerer. Cambridge University Press. S. 252. ISBN 0-521-53338-4.

Fassbinder, Jörg W. E.; Becker, Helmut; van Ess, Margarete (2003). "Magnetometrie in Uruk (Irak): die Stadt von König Gilgamesch". Abstracts zur geophysikalischen Forschung. Europäische

Geophysikalische Gesellschaft. 5 (9152): 1. bibcode:2003EAEJA..... 9152F. Abgerufen 2009. Datumswerte überprüfen in: |Zugangs-Datum= (Hilfe)

Harmansah, Ömür (2007-12-03). "Die Archäologie Mesopotamiens: Zeremonialzentren, Urbanisierung und Staatsformung in Südmesopotamien". Abgerufen 2011-08-28.

Oppenheim, A. Leo; Erica Reiner (1977). Altes Mesopotamien: Porträt einer toten Zivilisation. Chicago: Universität von Chicago Press. S. 445. ISBN 0-226-63187-7

Chisholm, Hugh, Hrsg. (1911). "Erech". Encyclopædia Britannica. 9 (11. Hrsg.). Cambridge University Press. S. 734-735.

Grün, MW (1984). "Das Klagelied der Uruk". Zeitschrift der Amerikanisch-Orientalischen Gesellschaft. 104 (2): 253-279. doi:10.2307/602171. JSTOR 602171.

Kuhrt, Amélie (1995). Der Alte Orient. London: Routledge. S. 782. ISBN 0-415-16763-9.

Liverani, Mario; Zainab Bahrani; Marc Van de Mieroop (2006). Uruk: Die erste Stadt. London: Equinox Publishing. S. 97. ISBN 1-84553-191-4.

Lloyd, Seton (1955). Fundamente im Staub. New York,

New York: Penguin Books. S. 217. ISBN 0-500-05038-4.

Postgate, J.N. (1994). Frühes Mesopotamien, Gesellschaft und Wirtschaft zu Beginn der Geschichte. New York, New York: Routledge Publishing. S. 367. ISBN 0-415-00843-3.

Rothman, Mitchell S. (2001). Uruk, Mesopotamien und seine Nachbarn. Santa Fe: School of American Research Press. S. 556. ISBN 1-930618-03-4.

Vos, Howard F. (1977). Archäologie in biblischen Ländern. Chicago, Illinois: Moody Press. S. 399. ISBN 978-0-8024-0293-6.

Kostenlose Bücher von Charles River Editors

Wir haben brandneue Titel, die an den meisten Tagen der Woche kostenlos erhältlich sind. Um zu sehen, welche unserer Titel derzeit kostenlos sind, klicken Sie auf diesen Link.

Discounted Books von Charles River Editors

Wir haben Titel zu einem Discountpreis von nur 99 Cent pro Tag. Um zu sehen, welche unserer Titel derzeit 99 Cent kosten, klicken Sie auf diesen Link.